Ciranda escolar
PALAVRAS
Caligrafia

A PARTIR DE 5 ANOS

Ciranda Cultural

CONTORNE O TRACEJADO DESTAS PALAVRAS, QUE COMEÇAM COM A LETRA **A**.

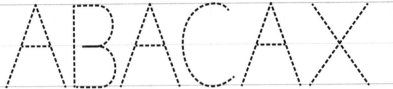

ENCONTREI UMA ABELHA NO MEU SUCO DE ABACAXI.

Ciranda escolar

CONTORNE O TRACEJADO DESTAS PALAVRAS, QUE COMEÇAM COM A LETRA **B**.

BONECA

boneca

Banana

banana

GANHEI DA VOVÓ UMA BONECA COM CHEIRINHO DE BANANA.

Ciranda escolar

CONTORNE O TRACEJADO DESTAS PALAVRAS, QUE COMEÇAM COM A LETRA **C**.

O PRÍNCIPE CHEGOU AO CASTELO **MONTADO EM UM** CAMELO.

CONTORNE O TRACEJADO DESTAS PALAVRAS, QUE COMEÇAM COM A LETRA **D**.

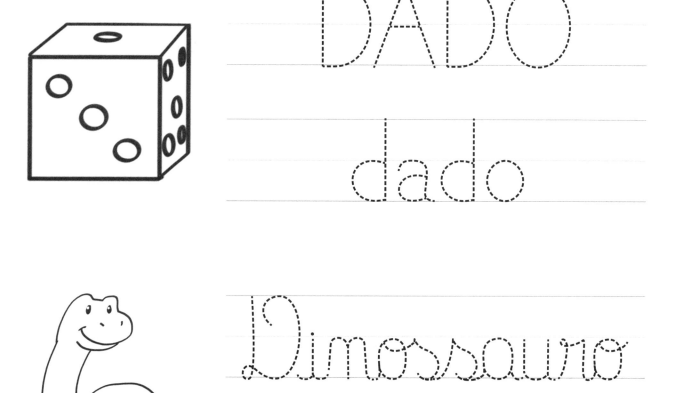

DADO

dado

Dinossauro

dinossauro

JULIANA GANHOU UM DINOSSAURO **DE PELÚCIA NO JOGO DE** DADOS.

Ciranda escolar

CONTORNE O TRACEJADO DESTAS PALAVRAS, QUE COMEÇAM COM A LETRA **E**.

ELEFANTE

elefante

Espanador

espanador

MAMÃE USOU O ESPANADOR PARA LIMPAR O ELEFANTE DE PORCELANA.

CONTORNE O TRACEJADO DESTAS PALAVRAS, QUE COMEÇAM COM A LETRA **F**.

FADA

fada

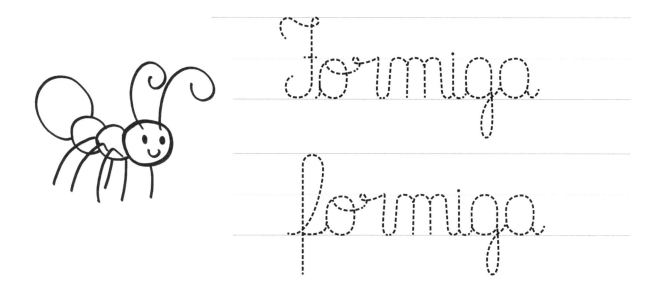

Formiga

formiga

A FADA **DO DENTE É TÃO PEQUENA QUANTO UMA** FORMIGA.

CONTORNE O TRACEJADO DESTAS PALAVRAS, QUE COMEÇAM COM A LETRA **G**.

GALO

galo

Girafa

girafa

O GALO É UMA AVE, JÁ A GIRAFA É UM MAMÍFERO.

CONTORNE O TRACEJADO DESTAS PALAVRAS, QUE COMEÇAM COM A LETRA **H**.

HIENA

hiena

Hipopótamo

hipopótamo

O HIPOPÓTAMO **E A** HIENA **SÃO ANIMAIS AFRICANOS.**

Ciranda escolar

CONTORNE O TRACEJADO DESTAS PALAVRAS, QUE COMEÇAM COM A LETRA I.

Ioiô

ioiô

Idoso

idoso

O VOVÔ É IDOSO E GOSTA DE BRINCAR DE IOIÔ.

CONTORNE O TRACEJADO DESTAS PALAVRAS, QUE COMEÇAM COM A LETRA **J**.

JACARÉ

jacaré

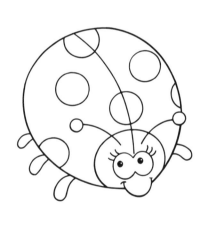

Joaninha

joaninha

A JOANINHA ADORA PASSEAR NAS COSTAS DO JACARÉ.

Ciranda escolar

CONTORNE O TRACEJADO DESTAS PALAVRAS, QUE COMEÇAM COM A LETRA **K**.

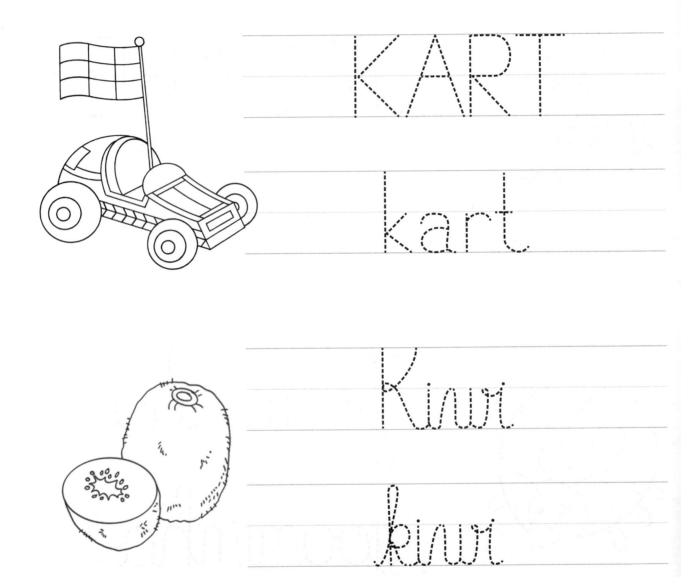

EU SÓ PUDE ANDAR DE KART PORQUE COMI TODO O KIWI.

CONTORNE O TRACEJADO DESTAS PALAVRAS, QUE COMEÇAM COM A LETRA **L**.

COM O LÁPIS **DE COR AMARELO DESENHEI A** LUA.

Ciranda escolar

CONTORNE O TRACEJADO DESTAS PALAVRAS, QUE COMEÇAM COM A LETRA **M**.

MÃO

mão

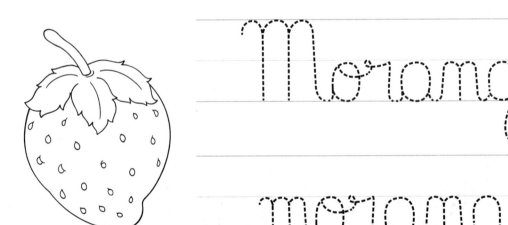

Morango

morango

ANTES DE COMER MORANGO, **TENHO QUE LAVAR AS** MÃOS.

Ciranda escolar

CONTORNE O TRACEJADO DESTAS PALAVRAS, QUE COMEÇAM COM A LETRA **N**.

NUVEM

nuvem

Navio

navio

O CAPITÃO DO NAVIO VIU UMA NUVEM ESCURA NO CÉU.

CONTORNE O TRACEJADO DESTAS PALAVRAS, QUE COMEÇAM COM A LETRA **O**.

A OVELHA **NÃO BOTA** OVO **PORQUE É MAMÍFERO.**

CONTORNE O TRACEJADO DESTAS PALAVRAS, QUE COMEÇAM COM A LETRA **P**.

PALHAÇO

palhaço

Pirulito

pirulito

ANA GANHOU UM PIRULITO DE UM PALHAÇO QUANDO FOI AO CIRCO.

CONTORNE O TRACEJADO DESTAS PALAVRAS, QUE COMEÇAM COM A LETRA **Q**.

QUEIJO

queijo

Quiabo

quiabo

ADORO A SOPA DE QUEIJO **COM** QUIABO **DA MINHA MÃE.**

Ciranda escolar

CONTORNE O TRACEJADO DESTAS PALAVRAS, QUE COMEÇAM COM A LETRA **R**.

O RATO ROEU A ROUPA DO REI DE ROMA.

Ciranda escolar

CONTORNE O TRACEJADO DESTAS PALAVRAS, QUE COMEÇAM COM A LETRA **S**.

NO SÍTIO DO VOVÔ, ENCONTREI UM SAPO DENTRO DO MEU SAPATO.

CONTORNE O TRACEJADO DESTAS PALAVRAS, QUE COMEÇAM COM A LETRA **T**.

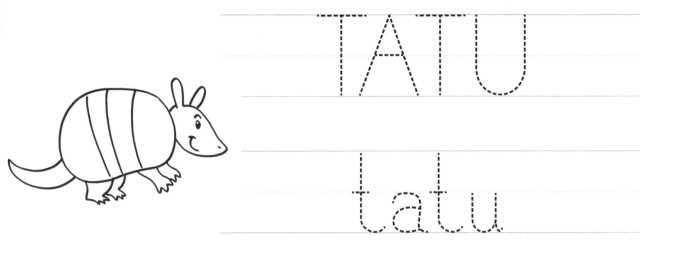

O TATU **ROLA, ENQUANTO A** TARTARUGA **ENROLA.**

CONTORNE O TRACEJADO DESTAS PALAVRAS, QUE COMEÇAM COM A LETRA **U**.

URUBU

urubu

Urso

urso

O URSO **DORME NA GRAMA**
E O URUBU **DESCANSA NO GALHO.**

CONTORNE O TRACEJADO DESTAS PALAVRAS, QUE COMEÇAM COM A LETRA **V**.

VASO

vaso

Violão

violão

O MEU VIOLÃO **FICA PERTO DO** VASO **DA SALA.**

Ciranda escolar

CONTORNE O TRACEJADO DESTAS PALAVRAS, QUE COMEÇAM COM A LETRA **W**.

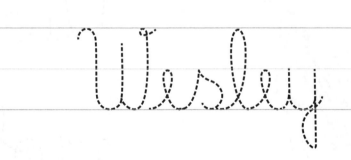

O WILLIAM **E O** WESLEY
ADORAM JOGAR FUTEBOL.

CONTORNE O TRACEJADO DESTAS PALAVRAS, QUE COMEÇAM COM A LETRA **X**.

XÍCARA

xícara

Xilofone

xilofone

EU TOCO XILOFONE **DEPOIS DE TOMAR UMA** XÍCARA **DE CHÁ.**

Ciranda escolar

CONTORNE O TRACEJADO DESTAS PALAVRAS, QUE COMEÇAM COM A LETRA **Y**.

A AMIGA DA MAMÃE TEM DUAS FILHAS GÊMEAS: YASMIN E YARA.

CONTORNE O TRACEJADO DESTAS PALAVRAS, QUE COMEÇAM COM A LETRA **Z**.

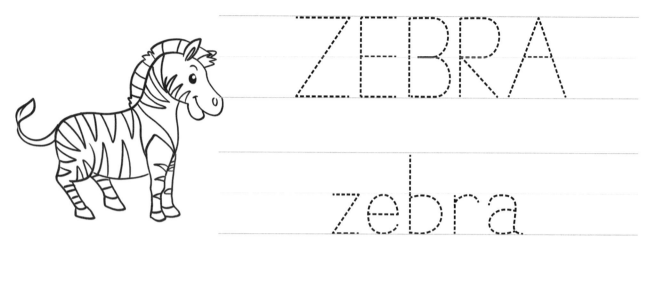

ZEBRA

zebra

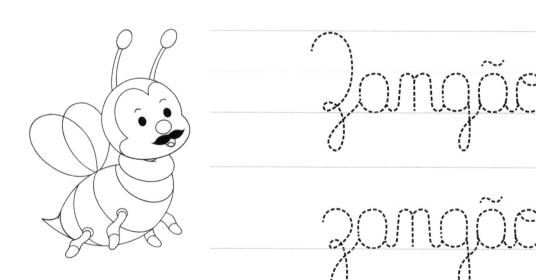

Zangão

zangão

COM UMA FERROADA, O ZANGÃO FEZ A ZEBRA CORRER DESENFREADA.

Ciranda escolar

CONTORNE AS PALAVRAS E DEPOIS
LIGUE-AS ÀS FIGURAS CORRESPONDENTES.

banana

maçã

morango

**MAMÃE FOI À FEIRA E COMPROU
BANANA, MAÇÃ E MORANGO.**

CONTORNE AS PALAVRAS E DEPOIS
LIGUE-AS ÀS FIGURAS CORRESPONDENTES.

régua

caderno

lápis

PAPAI COMPROU UMA RÉGUA, UM CADERNO E UM LÁPIS PARA MIM.

Ciranda escolar

CONTORNE AS PALAVRAS E DEPOIS DESENHE CADA UM DOS ANIMAIS.

onça

leão

girafa

NO ZOOLÓGICO, EU VI UM FILHOTE DE ONÇA, UM LEÃO E UMA GIRAFA.

Ciranda escolar

CONTORNE AS PALAVRAS E LIGUE-AS
ÀS SOMBRAS CORRESPONDENTES.

carro

trem

ônibus

ANDAR DE **CARRO** É MUITO LEGAL, MAS TAMBÉM GOSTO DE **TREM** E **ÔNIBUS.**

Ciranda escolar

CONTORNE AS PALAVRAS E DEPOIS PINTE APENAS OS MAMÍFEROS.

galo   vaca

porco   cavalo

NO SÍTIO DO VOVÔ HÁ VÁRIOS ANIMAIS: VACA, GALO, CAVALO E PORCO.